백인종 아이들

백인종 아이들

2024년 7월 7일 1판 1쇄 발행

지은이 · 반금현
펴낸이 · 유정숙
펴낸곳 · 도서출판 등
기   획 · 유인숙
관   리 · 류권호
편   집 · 김은미, 이성덕

ⓒ 반금현 2024

주   소 · 서울시 노원구 덕릉로 127길 10-18
전   화 · 02.3391.7733
이메일 · socs25@hanmail.net
홈페이지 · dngbooks.co.kr

정 가 · 12,000원

백인종 아이들

반금현 시조집

여는 시조

옷 1

몇 년을 입어 봐도 버성기는 옷 한 벌을
새 울고 꽃 핀 집에 벗어 놓고 나 숨으니
한 번쯤 걸쳐 보세요. 맞는 사람 있나요?

차례

〈여는 시조〉 옷 1

제1부 아무나 어른이 되나

기계 같은 선생 — 교단 일기 1	14
묵정밭에서 — 교단 일기 2	15
체육 대회 — 교단 일기 3	16
수능 날 아침 — 교단 일기 4	17
졸업식 날 주의사항 — 교단 일기 5	18
묵념 — 교단 일기 6	19
고려장 — 교단 일기 7	20
교문의 현수막 — 교단 일기 8	21
박물관을 다녀와서 — 교단 일기 9	22
환절기 — 교단 일기 10	23
머리와 가슴 사이 — 교단 일기 11	24
착시 — 교단 일기 12	25
군자 — 교단 일기 13	26
꿈 — 교단 일기 14	27
밤송이 — 교단 일기 15	28
만병통치약 — 교단 일기 16	29
신록 — 교단 일기 17	30
등대 — 교단 일기 18	31
교문 지도 — 교단 일기 19	32

늦은 벚꽃—교단 일기 20	33
이른 낙화—교단 일기 21	34
경고—교단 일기 22	35
볼펜—교단 일기 23	36
라오스의 학예회를 보며—교단 일기 24	37
라오스 공원—교단 일기 25	38
연수장의 풍경—교단 일기 26	39
벽—교단 일기 27	40
식단표—교단 일기 28	41
쪽파를 까며—교단 일기 29	42
양파를 까며—교단 일기 30	43
어른들—교단 일기 31	44
그리움	45
—최홍자 선생님 영전에—교단 일기 32	
맹장염 수술—교단 일기 33	46
컵—교단 일기 34	47
세월호 이후 수학 시간—교단 일기 35	48
선도위원회—교단 일기 36	49
박수량의 백비를 보며—교단 일기 37	50
수능 시험—교단 일기 38	51
회초리—교단 일기 39	52
봄 교실—교단 일기 40	53
학교의 봄—교단 일기 41	54
대추의 비밀—교단 일기 42	55

답안지 — 교단 일기 43	56
개미지옥 기념일 — 교단 일기 44	57
욕심 — 교단 일기 45	58
스승의 날 선물 — 교단 일기 46	59
교과서 — 교단 일기 47	60
아이 혼자 운 날 — 교단 일기 48	61
독서 시간 — 교단 일기 49	62
미리 쓰는 퇴임사 — 교단 일기 50	63
아이에게 욕을 듣고 — 교단 일기 51	64
방언의 맛 — 교단 일기 52	65
감 — 교단 일기 53	66
선도부를 하려는 이유 — 교단 일기 54	67
선물 — 교단 일기 55	68
청소 시간 — 교단 일기 56	69
교실 풍경 — 교단 일기 57	70
지각 — 교단 일기 58	71
3학년과 6학년의 차이 — 교단 일기 59	72
출근길 풍경 — 교단 일기 60	73
신효도법 — 교단 일기 61	74
코로나 꽃다발 — 교단 일기 62	75
어느 종례 시간 — 교단 일기 63	76
나이 벽 — 교단 일기 64	77
퇴직 계획 — 교단 일기 65	78
백인종 아이들 — 교단 일기 66	79

어떤 상담 — 교단 일기 67　　　80
밤을 새우며 — 교단 일기 68　　　81
바람 인형 — 교단 일기 69　　　82
축제 — 교단 일기 70　　　83
어머니의 응원가 — 교단 일기 71　　　84
출근길의 걸음마 — 교단 일기 72　　　85
나이가 든다는 건 — 교단 일기 73　　　86
속담과 현실 — 교단 일기 74　　　87
아무나 어른이 되나 — 교단 일기 75　　　88
마지막 인사 — 교단 일기 76　　　89

제2부 아버지의 기우제

폐지 줍는 할아버지　　　92
어머니의 기도　　　93
들기름　　　94
얼음을 깨는 소리　　　95
텃밭 농부　　　96
축 결혼　　　97
불꽃놀이　　　98
죄송합니다　　　99
산을 찾는 이유　　　100
아버지의 기우제　　　101
대화　　　102
청계사 돌부처　　　103

원죄(原罪)	104
우리 매형	105
내시경	106
행운권 추첨	107
재건축	108
어느 저녁	109
시조를 쓴다는 것은	110
신발	111
탈모	112
미용실에서	113
바닷가의 연극	114
신호등 앞에서	115
사명	116
전철역에서	117
공중변소의 전투	118

제3부 춘풍낙엽

산수유꽃	122
작은 항구에서	123
어느 가을 달밤	124
낙화(落花)	125
춘풍낙엽(春風落葉)	126
4월	127
가을비	128

주산지(注山池)에서	129
나무 1 – 나에게	130
나무 3	131
밤 바닷가에서	132
산행기 3	133
대나무 – 「죽녹원」에서	134
관방제림(官防堤林)	135
목련	136
단풍	137
진달래에게	138

제4부　엄마와 목련

받아쓰기	140
엄마와 목련	141
나무의 설날	142
아빠의 미소	143
봄 화단	144
검은색 지우개	145
꿈속의 축구 선수	146
봄은	147
눈 이불	148
구슬치기	149
아기 장수 이야기	150

〈닫는 시조〉 옷 2

제1부

아무나 어른이 되나

기계 같은 선생
- 교단 일기 1

기계는 몰랐겠지
동생과 약속한 손
쑹덩 잘라 놓고서도
계속 돌고 있었겠지
어머니
마른하늘을
할매처럼 울든 말든

네가 남기고 간
붕대 같은 웃음을
손가락에 감아 보고
가슴에 대 보다가
종 치자
출석부 찾는
기계 같은 선생아

묵정밭에서
― 교단 일기 2

뿌린 대로 거두리라
거둔 대로 먹으리라
먹은 대로 밭 갈리라
가는 대로 뿌리리라

잡초로
쓰고 또 쓰는
묵정밭의
반성문

체육 대회
― 교단 일기 3

개천에서 용이 나던
하늘 높은 그 시절엔

공부 버린 꼴찌 애도
용이 되곤 했었다

운동장 좁디좁아라
하늘 향한 그 함성

만국기 홀로 날고
목이 아픈 스피커 밑

책상을 잘도 베더니
또 잠이 든 미꾸라지여

누구의 어떤 신호에
눈을 뜰까 저 아이

수능 날 아침
- 교단 일기 4

뒷산을 고아 먹고 내려오던 단풍이
교문 옆 화단에서 잔불로 타고 있다

뜨겁지 않은가 보다

스
쳐
가는
아이들

졸업식 날 주의사항
- 교단 일기 5

학생부 선생님들
오늘은 졸업식 날
차는 두고 오셨지요?
학교 멀리 주차했죠?
엊그제
벌 받던 아이
흡뜬 눈빛 생각나요

긁힌 차 금줄처럼
발걸음 막아서도
골고다 언덕 가듯
출근은 하겠지만
아이들 바라보는 나
닮을까 봐
그 눈빛

묵념
- 교단 일기 6

"묵념!"
고개 숙인
아이들의 뒤통수
가마의 소용돌이가
모처럼 잔잔하다

어디를 가고 있을까
누굴 만나고 있을까

앞내를 흘러가는
할아버지 말씀 듣게

뒷산을 내려오는
아버지 눈빛 보게

고개를 들어 보아라
더욱 깊이 숙여라

고려장
— 교단 일기 7

활짝 핀 철쭉 화분
한 달이나 보고 나서
꽃 지자 버리자는
내 말에 놀란 아이들

"선생님 고려장(高麗葬)해요?"

유구한 전통문화

교문의 현수막
– 교단 일기 8

가슴을 들이 내민 교문의 현수막엔
특목고 합격생들 이름이 부풀었다
저 아이 작은 어깨를 밟고 섰는 이름들

박물관을 다녀와서
– 교단 일기 9

박물관을 다녀온 날 잠들지 못하는 건
오천 년을 하루에 건넌 시차 적응 때문인가
동굴 안 화롯불 온기 내 방까지 따뜻하다

환절기
― 교단 일기 10

땀방울 흐를세라
급하게 핫옷 벗듯

달려오는 찬바람에
서둘러 겉옷 찾듯

근심을
벗고 덮어 줄
새 옷 한 벌 샀으면

머리와 가슴 사이
– 교단 일기 11

머리와 가슴 사이가 너무나 멀어서
알아도 느낌 없고 느껴도 앎이 없다
저 둘이 멀고 멀어서 너와 내가 더 멀다

착시
- 교단 일기 12

신호등 앞에 서서
현수막을 즐기다가
반가워라 눈 멈춘 곳
내 이름이 선명하다

되보다
쓰게 웃는다

반값 등록금 실**현**

군자
— 교단 일기 13

소나무가 군자란 걸 태풍 뒤에 알았네
팔다리 잘려 나가 흐느끼는 참나무 옆
말없이 쓰러져 있는
뿌리
뽑힌
소나무

꿈
- 교단 일기 14

책갈피로 잠을 자다 끌려 나온 지폐 몇 닢
책 속에 숨겨 둔 꿈 잃었는가 잊었는가
나이만 좀 묵직할 뿐 하루해가 가볍다

밤송이
– 교단 일기 15

밤송이 줍다 보면
썩은 놈에 눈이 간다

무엇을 지켰는가
밖을 겨눈 화살이여

속부터 썩는 줄 모른
내가 거기 누웠다

만병통치약
- 교단 일기 16

교재 연구 그만두고
만병통치약 만들어서

아이들 어머니들
정치권도 던져 주고

혼자서
낄낄대면서
사라지고 싶다

신록
− 교단 일기 17

꽃처럼 핀 아이들도
싹처럼 눈 뜬 아이들도

작은 키 큰 키로
달리고 달리더니

푸르다
신록이구나

잠들어도
되겠다

등대
- 교단 일기 18

해 질 녘 아이 찾는 엄마의 목소리 같은
늦게라도 오시라던 추녀의 등불 같은
등대는 부름과 기다림
선생님의 시간표

교문 지도
- 교단 일기 19

운동화 틈에 끼어
슬리퍼가 등교한다
구두가 뛰어가서
슬리퍼를 잡는다
슬리퍼
깜짝 놀라며
"밖에서 신는 실외환대요."

구두는 땅을 차며
호흡을 고른다
"잠옷 입고 외출하면
잠옷이 외출복이냐?"
"그럼요.
자기 맘이죠."

손은 덜덜
목은 갈갈

늦은 벚꽃
– 교단 일기 20

담배 연기나 가려 주던
운동장 구석 벚나무가
봄 가는 건 알았는지
꽃송이를 물고 있다

막 끝낸
나머지 공부
붉게 웃던 친구처럼

이른 낙화
― 교단 일기 21

비었다. 책상 자리
졸업은 멀었는데
열여섯 긴 세월을
성적표로 살더니
공부를 끝냈나 보다
다른 삶을 사나 보다

또 졌다 꽃봉오리
다시 봄은 멀었는가
진달래 언제 눈 뜨고
잔설은 언제 지는지
태양은 저 홀로 돌고
달도 별도 흐리다

경고
- 교단 일기 22

7층에서 몸을 던진 아저씨 가는 길에
6층의 7살 꽃이 같이 지고 말았던 날
묻는다. 내가 하는 일 사람 살릴 일이냐

볼펜
- 교단 일기 23

검은 펜이 안 나온다. 다 적지 못했는데
볼펜을 진찰하니 내장이 텅 비었다
제 몸을 탕진했구나. 나의 기억 살리느라
빨간색 의지하여 남은 것을 써 보지만
언젠간 빨간 피도 끝내 돌지 않겠지?
어쩌나 웃는 아이들 어떻게 그릴까나

라오스의 학예회를 보며
– 교단 일기 24

라오스라 푸른 배움터 학예회가 열렸구나
일곱 살 아이들이 전통 춤에 아리랑까지
손가락 감아 돌리고 허리까지 따로 논다

50년 전 시골 학교 학예회가 열렸었지
코쟁이 앞에서 노래하고 춤을 추고
원숭이 되기 싫었다. 선생님께 화를 낸 나

원숭인 선생이 되어 저 아이 보고 있고
아이의 노래와 춤 무슨 말을 하고 있나
앉아서 볼 수 없었다. 작은 원숭이 큰 원숭이

라오스 공원
- 교단 일기 25

걷다 보면 길과 함께 어깨가 출렁인다
푸른 물 바위산이 배경으로 둘러서면
모처럼 내가 주인공 멈췄다가 걷다가

'싸바이디' 한마디에 할미처럼 웃어 주고
웃다가 모자라면 약속처럼 뛰는 아이들
열 살 적 내 부끄럼이 재생되듯 멈춘 곳

소 떼가 차보다도 앞장서서 길을 내고
휴일엔 운동장이 소들의 도서관
흙먼지 많이 일어도 아이 앞길 장하다

쾌변을 보고 나와 차 한 잔 앞에 하면
강아지 기지개에 나까지 다시 눕는
깔개가 없어도 좋다. 나 앉는 곳 다 공원

연수장의 풍경
– 교단 일기 26

오늘도 연수장(研修場)은 졸고 있는 전철 의자
한길로 달린다고 꿈이야 같을런가
강의는 도착역 알리미. 내릴 역만 듣는다

벽
– 교단 일기 27

아파트 벽이 운다
못 하나 박나 보다

옆집 벽 울어 대니
우리 집 벽도 운다

옆집에
누가
사
는
지

난 모른다

벽은 운다

식단표
– 교단 일기 28

날짜별 급식표는 잘도 외는 아이들이
다음 시간 시간표는 나를 봐도 모른단다
한 끼도 못 되는 수업 허기지는 사제지간(師弟之間)

쪽파를 까며
- 교단 일기 29

쪽파를 까다 보면
덜 큰 놈이 숨어 있다
상술에 속은 맘이
욕을 한입 물었다가
구석만
앉던 애 본 듯
쪽파 등을 두드린다

양파를 까며
- 교단 일기 30

보물을 찾아볼까
양파 망을 당겨 본다
한 겹씩 깔 때마다
눈물 젖는 주먹 수건
그때야 들리는 소리
아이들의 속울음

어른들
- 교단 일기 31

세월호가 아이들을 바다에 묻은 사흘째
쉰네 살 된 4.19혁명일
오늘을 가르친다

"그때는 총을 쐈어요? 어른들이 아일 죽였어요?"

교실을 나오면서 갈 곳을 모르겠다
나무의 꽃잎들이 만장처럼 흔들리고

온 땅이 분향소인걸
어디에다
꿇을까

그리움 – 최홍자 선생님 영전에
– 교단 일기 32

뭐 그리 바쁘다고 서둘러 가셨나요
본론은 저만치서 우리를 기다리는데
서론의 마침표 하나 이젠 누가 찍나요

새벽 창 일출 보듯 내 그대 보았나니
한여름 소나기처럼 나를 보게 하시더니
그대는 그렇게 슬쩍 숨바꼭질 하는구려

그대의 세상에도 들꽃이 피겠지요
큰 소리 작은 소리 봄비처럼 들으면서
햇볕도 따뜻하겠죠. 강물 제 길로 흐르고

때 없이 가려울 땐 그대 생각나겠지요
찬바람 분다 해도 옷깃 세우지 않을 게요
모레쯤 쓴 소주 한 잔 달게 마셔 보게요

맹장염 수술
- 교단 일기 33

맹장염 수술하기
쓰레기 버리기
맹장염 버리기
쓰레기 수술하기
버리고 수술하고도
아직 남은 쓰레기

컵
― 교단 일기 34

맥주 뚜껑 열리듯이
시끄러운 아이들

뚜껑을 막으려만 했지
나 컵이 되지 못했네

아이들 흘리는 소리
쓸어 담을 큰 컵

세월호 이후 수학 시간
– 교단 일기 35

더하고 빼는 일이
이리도 어려운가

구조자

실종자

사망자

숫자들

맞아라
제발 나와라
오답 같은 생존자

선도위원회
- 교단 일기 36

산만한 사내놈도 달 같은 가시내도
열일곱 해 세운 몸을 머리 숙여 조아린다
담부턴 잘하겠습니다. 네 말인지 내 말인지

잘 살아도 모자라는 십칠 년 시간들이
엄마의 눈물 되어 한숨으로 떨어진다
어디서 어떻게 살아 웃을 수가 있을까

밤 아홉 시 땀난 시계 경찰서 같은 학교
너와 내가 하는 일은 돌이 될까 돈이 될까
창문을 닫기도 전에 밀려오는 어둠들

박수량의 백비를 보며
- 교단 일기 37

청백리 한평생이
백비(白碑)로 서 있나니

뉘라서 고개 들고
그를 바라보겠는가

백비만 저 홀로 서서
실눈 뜨는 오늘

수능 시험
- 교단 일기 38

십이 년 공부한 걸 하루에 꺼내라고요?

십이 년 삭힌 생각 풀어 보면 안 될까요?

내
삶 좀
물어봐 줘요

꿈 좀 꾸게 해 줘요

회초리
– 교단 일기 39

뉴스는 전설 같고
아이들은 외인(外人) 같아
막걸리가 시시한 날

회초리로 떠오른다
소림사 늙은 스님들
합장 끝에 감은 눈

봄 교실
– 교단 일기 40

겨울을 탈출하는
시골뜨기 산수유 옆
벚꽃과 진달래가
몸싸움하는 봄 교실
라일락
진한 콧소리
흘겨보는 철쭉꽃

학교의 봄
- 교단 일기 41

학교에 봄이 없다
꽃은 피어 시끄러운데

옷깃은 여며야 하고
입은 또 말이 없다

낙화가
내 등을 친다
고개조차 무겁다

대추의 비밀
- 교단 일기 42

겨울을 베고 누운 대추 한 줌 끓였더니
고와라 다시 가을, 막 익은 대추의 볼

처녀애 일기 같아라 터질 듯한 비밀들

답안지
― 교단 일기 43

선생도 싫은 학교
교문을 넘어온 애

답안지 기둥 세우고
심리 검사 한 줄로 찍은

그 녀석
한길로 산다
흔들리는 선생 앞에

개미지옥 기념일
– 교단 일기 44

소주병 모다 보면 한두 병은 쓰러지듯
한생을 살다 보면 한두 번은 넘어지리
그 자리 키우고 키워 헤어나지 못한 날

욕심
- 교단 일기 45

꽃보다 먼저 피는 거리의 옷차림처럼
계절보다 빨리 달려 떨어지는 꽃잎처럼
한 번쯤 종 치기 전에 교실에서 만날까

스승의 날 선물
- 교단 일기 46

스승의 날 꽃다발은 아이들의 웃음꽃
아카시아 향기 담아 나를 찾는 위로주
선생질 세게 하라는 어머니의 옆눈 가리개

교과서
– 교단 일기 47

봄을 보는 과학책도
밤을 여는 역사책도
삶을 사린 국어책도
길을 그린 사회책도

아니다
진짜 아니다

농성장의
젖은 글

아이 혼자 운 날
– 교단 일기 48

막걸리 한 통으로
하루를 마감한 날

참으려 참으려다
술병과 같이 운 날

내 어깨 주지 못하고
아이 혼자 울게 한 날

독서 시간
— 교단 일기 49

벼 이삭 같은 아이들을
햇살이 훔쳐보는 교실
두엇은 고개를 꺾고
서넛은 엎드린다

코 고는 사이사이로
넘어가는 책장 소리

미리 쓰는 퇴임사
- 교단 일기 50

가면을 쪼아 내는
묵직한 햇살이었기를

말문 열고 웃음 찾는
나직한 바람이었기를

꽃송이
가슴에 품고
도닥이는 나비 떼이길

아이에게 욕을 듣고
- 교단 일기 51

아이를 욕하다가
세상에 화내다가

꼰대 짓 후회하다
퇴직금을 계산타가

해 뜨자
갈 곳도 없다
서두르는 출근길

방언의 맛
– 교단 일기 52

할머닌 '무수'라 하고 누나는 '무'라 한다
아저씬 '무시'라 하고 나는 잘 모르겠다
무숫국, 뭇국, 무싯국
뭐시 달러, 션한디

감
- 교단 일기 53

유리창과 키를 맞춘
감나무의 땀방울 둘
여름이 그렇게 익고
아이들도 가을이다

애들아
저 안에 든 거
이젠 보이지?
잘 보여?

선도부를 하려는 이유
– 교단 일기 54

나도 내가 보고 싶어요
달라진 참모습을
두 번 핀 담배 연기처럼
희미한 나 아녜요
선도부
그것도 못하면
내가 정말 못 참아요

선물
– 교단 일기 55

애들아 가을이야
보이니 가을 하늘
봄 여름 숨소리가
잘 익은 파란 메달
너에게 선물로 줄게
가슴에 꼭 걸으렴

청소 시간
- 교단 일기 56

낙엽이 깔리듯이 달라붙는 한생을
낙엽을 쓸어 내듯 떼어 낼 수 있을까
낙엽엔 어느 인생의 진혼곡이 들었다

교실 풍경
- 교단 일기 57

5교시 창체* 시간
폭력 예방 영상 수업
티비(TV) 소리 줄여 놓고 잠을 자는 아이들
선생은 불침번 근무 내무반은 이상 무

* 창의적 체험활동

지각
– 교단 일기 58

학교로 달리다가 힐끗 본 시계 두 개
5분이 빠른 시계 5분이나 느린 시계
들린다, 웃음이 난다. 시계들의 핑계질

3학년과 6학년의 차이
– 교단 일기 59

3학년은 찾아와서 인사하고 지나가고
6학년은 빙 돌아서 인사 없이 멀어진다
어쩌지 눈치챘나 봐. 능력 없는 선생인 거

출근길 풍경
– 교단 일기 60

이 사람... 그 사람... 산수유... 저 사람들...... 이 생각... 진달래꽃... 제비꽃... 저런 생각...... 이 걱정... 앵두꽃... 살구꽃... 복숭아꽃... 아이들

신효도법
– 교단 일기 61

우리도 엄마 생각 다 하고 산다고요
엄마보다 늦게 나오고 더 일찍 집에 가요
그사이 뭐 하냐고요? 모텔 잡아 술 먹죠

코로나 꽃다발
– 교단 일기 62

교문을 열었구나
아이들이 몰려온다
뒤늦은 학교생활
자축이나 하려는지
등굣길 마스크 행렬
코로나의 꽃다발

어느 종례 시간
– 교단 일기 63

괜찮아 다 괜찮아 다 잃어도 다 괜찮아
괜찮아 다 괜찮아 다 버려도 다 괜찮아
엄마가 너를 부를 때 "네에." 하고 답하면 돼

나이 벽
– 교단 일기 64

마스크를 삐져나온 검버섯 점 뺀 자국
"선생님, 여드름 짰어요?" "어 어억? 그으 그래."
와장창 깨지는 저거 내가 쌓은 나이 벽

퇴직 계획
– 교단 일기 65

일 년 뒤 퇴직하면 웃음기 되돌겠네
시계는 치워 두고 책장은 돌려놓고
학교가 궁금해지면 텃밭가를 걷겠네

백인종 아이들
– 교단 일기 66

어릴 적 친구들은 황인종이 분명했어
요즈음 아이들은 백인종이 아닌가 몰라
흰 얼굴 서로 보면서 하얀 나라 만들겠지

어떤 상담
– 교단 일기 67

애들아 변해야 돼 (나는 잘 안 되더라)
변하며 크는 거야 (나는 늘 그 자리)
세상도 변하지 않니? (너를 보며 힘을 낼게)

밤을 새우며
- 교단 일기 68

아이들이 괘씸하여 밤잠을 거르다가
죄송하단 한마디에 밤잠을 잊어 가다
알겠네, 나를 깨우는 여명(黎明) 같은 아이들

바람 인형
- 교단 일기 69

바람을 넣지 마세요
팔다리 좀 보세요
오체투지 내 마음을
정말로 모르세요
풍등이 바람을 타듯
불꽃 붙여 주세요

축제
- 교단 일기 70

잠자던 애 일어서고
책 보던 애 뛰쳐나와
몸 비틀며 춤을 추고
소리치는 축제의 장
교육은 멍석 까는 일
다 함께 춤추는 일

어머니의 응원가
– 교단 일기 71

등교하는 아들 등 뒤
어머니의 응원가

"아들, 파이팅 해!"
아들 어깨 외로 가다

"재밌게 놀다 오라고."
춤을 추는 책가방

출근길의 걸음마
– 교단 일기 72

빗방울 튕기듯이 발을 딛는 저 여인아
무엇을 찾아가나 무엇이 신이 났나
출근길 춤사위 걸음 나도 따라 한 발짝

나이가 든다는 건
- 교단 일기 73

나이가 든다는 건
나이만큼 얻는 일
어제는 돋보기
오늘은 약봉지
내일 또 무엇을 얻을까
걱정 하나 덤으로

속담과 현실
- 교단 일기 74

아니 땐 굴뚝에도
연기가 휘날리고

윗물이 흐려진 듯
아랫물 흙물일 때

엉덩이 자꾸 들리지?
우릴 찾는 신호야

아무나 어른이 되나
- 교단 일기 75

우리가 인간임을 조례로 알리더니
인간은 글렀는지 조례를 폐지한대

초원을 달리는 내 꿈 꿰뚫어 본 어른들

마지막 인사
- 교단 일기 76

아이들
줄고 줄어
학교 문을 닫기 전날
교실당
아이 하나
성자처럼 모셔 놓고
절하리
깊게 엎드려
감사 인사 올리리

제2부

아버지의 기우제

폐지 줍는 할아버지

얼마나 더 실어야 저 허리 펴지려나
철봉하듯 접힌 몸이 무엇을 줍고 있나

들고 온
소풍의 설렘
하
나
하나
수거 중

어머니의 기도

남의 집 제사마다 무나물 날라 와서
자는 아들 깨워 가며 밤참을 주셨습니다
어머니 기도인 것을 나중에야 알았습니다

오늘은 어머니 기일 무 하나 깎습니다
어머니를 닮길 바란 자식들 세워 놓고
한밤중 그 기도처럼 무나물을 올립니다

들기름

동생이 들고 온
들기름 작은 한 병

입 안을 채우더니
집 안에 가득하다

들기름 같이 살까나
식구들이 모인다

얼음을 깨는 소리

잠들려는 겨울 강을 뒤척이던 뱃사공이
새벽을 헐고 나와 얼음을 깬다는데
그 소리 강 마을 깨워 겨울을 건넌다는데

강물로 숨을 쉬는 시인이 되고 싶어
밤새워 빈방에다 쉼표만 찍는 내게
얼음이 깨지는 소리 화살처럼 달려든다

텃밭 농부

네 평도 농사라고 날씨에 몸이 단다
비 오면 씨앗 심고 가물면 물통 찾는다
새싹이 불처럼 이니 가슴이 뜨끈하다

축 결혼

흐르다
산을 만나
비껴서는 강물처럼
뻗다가
강을 만나
돌아서는 산맥처럼
강산의
푸른 동행을
닮아닮아 가세요

가다가
가다가
강산이 막아서면
강처럼 넘쳐흐르고
산처럼 일어서서
강산을
놓아 가세요
그리그리 사세요

불꽃놀이

그래
그렇게
한세상 사는 거여

작으면 작은 대로
식으면 식는 대로

한바탕
제 몸 살라서

불꽃놀이
하듯이

죄송합니다

동전통 앞세우고 코흘리개 지팡이 삼아
자국마다 새기는 소리
죄송합니다
죄송합니다
전철 속 모녀 살이가 무어 그리 죄송할까

시끄럽다 시끄럽다
저 신문 더 하고
못생겼다 못생겼다
내 마음 어쩌라고
뉘라서 돌을 던지랴 돌아앉은 부처들

동전 몇 닢 부끄러워 가리는 조막손
외면하는 나를 위해 눈이 먼 여인이여
도무지 알 수 없어라
죄송하다
죄송해

산을 찾는 이유

대흥사 뒷동산의 부처님을 뵈온 뒤에
산마다 등성이가 와불(臥佛)임을 알았네
멈춰도 헐떡이는 삶, 산을 찾는 이유를

아버지의 기우제

빈 물꼬 옆 아버지는 반쯤 찬 술병이었다
덜 닫힌 뚜껑처럼 맥고자(麥藁子) 비슷하고
언제쯤 다시 쓰려나 삽 한 자루 누웠다

기다려도 기다려도 별빛만 쏟아지고
오줌을 갈겨 봐도 모기만 무는 이 밤
이제 막 젖을 뗀 아들 잠이나 들었는지

이슬도 고마워라 집으로 가는 길에
산딸기 붉디붉어 소나기처럼 달려드니
아들 입 커지겠구나. 장마 지는 아비 마음

대화

구순(九旬)의 할머니가 베트남 사돈 만나
혁명을 꿈꾸는지 세계평활(世界平和) 논하는지
손잡고 "응?", "응."거린다 고개 자꾸 끄덕인다

청계사 돌부처

어느 놈 발에 채여
도랑에나 처박히던
어느 집 담이 되어
금붙이나 지켜 주던
돌들이 다시 모였네
부처 되어 누웠네

도랑에 처박힌 놈
못 본 척 지나치며
금붙이나 지키려다
가슴 잃고 분실된 나
청계사 내려오는 길
손이 자꾸 모아지네

원죄(原罪)

겨울의 난로 같은
홍시 하나 따 먹는다

오랜만의 내 황홀을
까치가 내려 본다

먹다니! 까치의 봄을
귀갓길이 훨씬 춥다

우리 매형

주머니의 구슬 빼듯 칠 남매 낳아 놓고
일곱이 힘을 쓰면 큰물이 될 거라며
도랑물 쓰다듬었다. 바닷소리 들렸다

둘째 아들 교통사고 식물인간 삼 년 만에
혼자 가기 싫었는지 제 어미 데려가니
하늘만 쳐다보았다. 이가 두 개 빠졌다

막내아들 장가들면 당신 몫은 끝나려니
틀니를 끼고 앉아 세월을 씹더니만
소화가 되지 않았다. 막내아들 위암 3기

막내아들 뒤따르듯 세상 버린 매형이여
이제야 누님 만나 목을 놓을 수 있으련만
말없이 따로 누웠다. 새 몇 마리 울었다

내시경

첩자여, 내 그대의 욕망을 허락하니
내 소망도 수락하여 조용히 수행하게
용종은 제쳐 두시게. 욕심보나 데려가게

행운권 추첨

행운이 있었다면
이렇게 살았겠어?
로또 대박 인생 역전
다른 사람 이야기지
송충이 갈니를 차도
먹는 것은 한 가지

어제는 꿈도 좋았어
돼지가 금칠을 하고
번호도 힐끗 보면
행운 번호 비슷하네
오늘은 혹시 혹시나
다른 삶을 살려나?

추첨 시간 끝이 나고
빈손으로 나오면서
그러면 그렇지
시나 한 편 끼적일걸
후회로 비만이 된 몸
쉬 접지 못한 하루

재건축

백병전을 벌였는가
유격전을 펼쳤는가

재건축 아파트 빈터
개구리가 점령했다

빼앗긴 땅을 찾았나
애국가가 낭자하다

어느 저녁

마당에서 세 식구가 저녁을 먹습니다
아빠와 엄마와 막걸리 한 병입니다
막걸린 쿨럭거리며 배고프다 웁니다
한숨으로 대답하다 아빠 먼저 잠이 들면
엄마는 말없이 안방의 불을 끄고
막걸리 혼자 남아서 마른 집을 지킵니다

시조를 쓴다는 것은

가슴이 하는 소리
제대로 불러 보려
생을 걸듯 눈을 떠도
생각은 산발(散髮)이라
온종일 신열이 인다
글 병원에 입원 중

신발

이것저것 신어 봐도 결심이 안 섭니다
이거다 싶은데도 또 눈을 돌립니다
신발이 내 눈을 잡지 내 발은 안 보입니다

헌 신을 버리고 새 신을 신습니다
뒤꿈치의 통증이 헌 신을 그립니다
내 발이 내 눈에 들지 신발은 없습니다

탈모

정수리 발간 민낯 탈모는 흉터다
무너진 땀방울로 제 몸에 소금 치며
하늘을 치받고 사는 작은 이들의 산재(産災)다

미용실에서

가을 하늘 내려 두른 동산처럼 앉아서
머리 깎는 아들놈이 욕심도 많아라
감은 눈 번갈아 뜨며 거울의 대답 재촉한다

고개를 흔들다가 어깨를 비틀다가
언젠가 알게 되리 너만이 너의 관객
아들아 두 눈 감아라 지금은 개벽(開闢) 중

바닷가의 연극

패배의 넋두리로 무대를 내려온 날
내 나를 버리려고 바다를 찾았네
노을의 마지막 대사 핏빛으로 붉었다

바다로 뛰어들어 꿈을 꾸던 별 하나가
머리채 풀어 헤쳐 파도로 일어서고
발목이 묶인 어선들 무대를 꿈꾼다

갯벌엔 고무신처럼 뒤집혀진 폐선 한 척
밤새워 지켜보던 해송이 두어 그루
어느새 해가 오르고 새 분장을 마친다

신호등 앞에서

일찍이 취한 걸음 신호등 앞에 서서
어디로 가라느냐 뿌옇게 웃어 보면
신호등 어둠을 썰어 징검다릴 놓는다

건너자 건너 보자 낄낄대고 비틀대며
머슴 같은 세상이야 붉거나 누렇거나
부딪는 어깨들 모아 점괘(占卦) 한번 풀어 보자

네 이야기 끌어당겨 내 얘기로 묶어 보면
세상은 귀가(歸家) 못한 신호등의 돌림 노래
내일 또 불러야 하는 단조(單調)의 가수(歌手)여

사명

이제야 비우는 일
이제라도 버리는 일

꽉 찬 장롱 비워 내고
장롱조차 버리는 일

그제야 날 찾는 소리
영롱하게 듣는 일

전철역에서

휘모리장단으로 사구(砂丘)를 넘어선 자리
내 한 몸 사르며 바람처럼 달려 왔다는가
아버지 헛기침 소리 기적으로 오고 있다

바람난 열차는 뭇 사내를 받들어도
내 몸뚱이 풀어놓고 대작(對酌)할 내일 없어
그 하늘 새들의 길을 전선줄이 걸려 있다

엊저녁 어느 가장이 술병 목을 비틀면서
해산하듯 토해 놓은 눈, 귀, 입들의 푸념까지
목 없는 몇 묶음의 사내 열차 타고 떠났다

공중변소의 전투

외상값 생각난 듯 불현듯 요의(尿意)가 와
텃밭가 토막(土幕) 같은 공중변소 들어가서
괴춤을 부여잡는다. 두 발 벌려 힘준다

바람도 자유롭고 햇빛도 여유로워
카페를 찾은 듯이 차 한 잔 생각건만
애애앵 전쟁이구나. 달려드는 모기떼

손으로 쳐내면서 입으로 후후 불고
다리는 흔들면서 조준까지 해야 하니
권법이 따로 없구나. 모기들의 조련술이여

네 창이 무섭구나. 돌격 함성 기죽는다
어젯밤 죽인 모기 네 처(妻)라도 된다더냐
미안타 센 척하려다 힘 조절을 못했구나

위리안치(圍籬安置) 좁은 변소 천시(天時)를 바라더니
블랙이글스(Black Eagles) 후신인가 선회 비행 선무(仙舞)로다

남 없는 너의 노력에 인생 한 줌 배운다

나 이제 한가하여 자연을 거닐려니
고추 모종 기르다가 막걸리 곁들이면
너 찾아 괴춤을 열고 대도(大道)를 논하련다

갈바람 쌀쌀하고 배추 포기 속이 찰 때
네 다리 힘 빠지면 전투도 시들하니
여기서 휴전을 하자. 내년에도 또 보자

파리채 걸어 두고 똥통에 석유 붓고
너의 천적 사마귀 떼 변소 가득 풀게 되면
내 뜻도 아니려니와 피의 향연 끝나리니

제3부

춘풍낙엽

산수유꽃

초봄을 이고 섰는
산수유 노란 꽃은

허기진 논둑길의
어머니 새참이다

저 바람
먼저 맛보고
내게 내민 누런 술잔

작은 항구에서

온 밤을 투망하여 바다를 잡았는지
여명(黎明)의 고깃배는 바다를 끌고 왔다
항구의 작은 부엌엔 바다 굽는 프라이팬

어느 가을 달밤

가을은 달로 익고 세월은 물로 흘러
강물이 달을 품고 누렇게 취해 있다
뒷동산 돌아앉아서 잎새 하나 떨구고

목이 쉰 귀뚜라미 집으로 돌아가고
일찍 깬 물고기가 어둠을 채는 소리
강물이 화들짝 놀라 새벽으로 닫는다

낙화(落花)

얼마나 더
꽃이 져야
그 봄이 오는 걸까

겨우내 다듬었던
새하얀 연서(戀書)를

봄비가
가로챘구나
구겨 던진 파지(破紙)여!

춘풍낙엽(春風落葉)

가을을 못다 누려
겨울을 넘던 잎이

꽃샘바람 달래 가며
새순 하나 얻은 잎이

숨줄을 놓고 있구나
봄을 보고 있구나

4월

라일락 향기 한 가지가 창문을 넘어왔다
윗목을 뒹굴 대던 찬 겨울 한 덩이가
봄 찾아 집을 나서는 아들 등에 붙는다

가을비

가을 산에
비가 온다
방화수가
쏟아진다
온 산을
태울까 봐
걱정깨나
했나 보다
불똥이
여기저기서
피식
피
식
식는다

주산지(注山池)에서

어정어정
걸어가도
삶이란
목마른 것
숨 가쁜
물바가지
버들잎
띄우는 것

나그네
언제 오려나

주산지의
늙은 버들

나무 1
– 나에게

꽃을 피우든 말든
잎만 키우는 나무가 있다
잎이 지든 말든
제 몸 사르는 나무가 있다
겨울엔
독경 소리 큰
잔가지가
있다

나무 3

겨울의 상주 노릇
이젠 그만둘래요

연둣빛 옷 걸치고
꽃 한 송이 꽂을래요

비 내려
향기 적시면
초록 두건 두를래요

밤 바닷가에서

파도에
씻긴 별이
모래처럼
많아서

모기가
짓물어도
별만
바라본다

가려워
긁을 때마다
별이
깜
짝
놀란다

산행기 3

구름은 배구공
토스하는 산봉우리
산바람 스파이크
구름 멀리 떠나가면
저녁엔 산을 내려와
집을 찾는 산그늘

대나무
- 「죽녹원」에서

흐트러진 세상살이 그냥 두고 찾은 대숲
머리를 때려 대는 댓잎 소리 듣고 있다
대나문 참빗인가 봐. 세상살이 빗겨 주는

관방제림(官防堤林)

강물이 길을 잃을까 봐 나무를 심었는가
그 나무 세월을 건너 돛으로 피었는가
제방(堤防)은 담양의 돛단배 해와 달을 싣는다

목련

새봄을 점화(點火)하는 농성장 밤 귀퉁이
심심한 밤하늘에 은하수 박히듯이
덜 식은 함성 일으켜 가지마다 촛불 켰다

산다는 건 불덩이 별빛은 수억 광년
달포를 그린 자식 눈짓으로 되돌리고
등 시린 허기를 모아 연등(燃燈)으로 빛났다

이 봄을 뒤엎고서 바람이나 따라 살까
한 덩이 찬밥 말아 소나기에 풀어 주고
자꾸만 알몸 내던져 젖은 소지(燒紙) 올린다

단풍

이파리 물이 드는 계절 앞에 앉아서
짓무른 바람맞던 그날 함성 바라본다
서둘러
불을 붙이는 화염병이 거기 있다

세월은 절뚝이며 목발만 갈아댔나니
더러는 술을 찾고 더러는 제 몸 살랐다
산비탈
나뭇가지들 유언 같은 스크럼(scrum)

진달래에게

미친년
남들은 다
이불도 못 갰는데
벌써 나와 알몸으로
나울대고 지랄이여
잘난 것
가슴패기엔
눈도 없다 이거여

제4부

엄마와 목련

받아쓰기

저 가게 아저씨는
초등학교 안 다녔나?

맛있는 떡볶이를
'떡복기'로 팔고 있네

선생님
저 아저씨는
받아쓰기 안 해요?

엄마와 목련

엄마 엄마 불러 대도 목련꽃만 바라본다
보고보고 또 보고 홀딱 반해 버렸나 봐
언제는
나만 있으면
소원 없다 하더니

나무의 설날

지난밤 이모처럼 다녀간 봄비가
모올래 새순을 선물하고 갔나 봐요
나무들 새 옷 입었어요
설날인가 봐요

아빠의 미소

배추를 심어 놓고 한숨 쉬던 우리 아빠
비 오는 오늘 아침 하회탈을 쓰셨나 봐
하느님 고맙습니다. 울 아빠와 친구라서

봄 화단

바람이나 놀다 가던 양지쪽 화단가에
새벽부터 나와 섰는 할미꽃 두어 송이
허리를 반쯤 꺾고서 손주들을 기다려요

검은색 지우개

웃긴다
참 웃긴다
검은색
지우개가

제 몸도
검으면서
검은 낙서
지워 낸다

울 엄마
검은 주근깨
지워 달라 해 볼까

꿈속의 축구 선수

아빠의 꾸중 듣고 살짝 잠이 들던 날
꿈속에서 아빠는 축구공이 되었어요
나는요 스타 중의 스타 축구 선수 되었지요

이리 차고 저리 차다 들리는 아빠 소리
"이놈이 축구를 하나? 이불이나 덮고 자지."
축구는 그만해야죠. 이젠 편히 자야죠

봄은

봄은 꽃밭보다 놀이터로 먼저 온대요
귀양살이 풀려난 아이들이 먼저 안대요
그제야 놀란 새싹이 슬쩍 나와 본대요

눈 이불

이불을 당기면서 오들오들 깨어난 날
나무도 추웠는지 하얀 이불 덮었어요
하얀 눈 내가 덮어도 온몸이 따뜻할까요

구슬치기

숙제야 물렀거라
구슬 대장 나가신다

한 눈을 찡끗 감고
손끝에 정신 모아

던졌다
여의주 맞는 소리

주머니가 묵직하다

아기 장수 이야기

뒷산엔 말바위 말바위엔 아기 장수
아기 장수 죽은 뒤에 죽은 말이 묻혔대요
사람들 하늘을 보며 소낙비처럼 울었대요
해와 달에 바위가 갈려도 사람들은 울었대요
아기 장수 태우고 갈 말발굽 기다렸대요
우두두 비 오는 소리 그 소린가 했대요

닫는 시조

옷 2

빈집을 다녀가신 향기 같은 그대여
겉옷은 벗어 놓고 속옷은 불 지르고
떠나자 벌거숭이로 꽃봉오리 품으러